님께

하나님의 말씀을 드립니다.

년 월 일

드림

The Gospel of Mark
Portions taken from *The Illustrated Children's Bible, ICB: Complete New Testament*

규장

일러두기

1. 내용

실제 성경 말씀 신약전서 개역개정 4판을 사용했습니다. 전장 전절을 표시하였고 단락별 소제목까지 실었습니다.

2. 구성

말풍선 인물들 간의 대화는 말풍선 안에 넣었기 때문에 누가 하는 말인지 명확히 알 수 있습니다.

3장

세례 요한의 전파

1 디베료 황제가 통치한 지 열다섯 해 곧 본디오 빌라도가 유대의 총독으로, 헤롯이 갈릴리의 분봉 왕으로, 그 동생 빌립이 이두래와 드라고닛 지방의 분봉 왕으로, 루사니아가 아빌레네의 분봉 왕으로, 2 안나스와 가야바가 대제사장으로 있을 때에 하나님의 말씀이 빈 들에서 사가랴의 아들 요한에게 임한지라 3 요한이 요단 강 부근 각처에 와서 죄 사함을 받게 하는 회개의 세례를 전파하니 4 선지자 이사야의 책에 쓴 바

광야에서 외치는 자의 소리가 있어 이르되 너희는 주의 길을 준비하라 그의 오실 길을 곧게 하라 5 모든 골짜기가 메워지고 모든 산과 작은 산이 낮아지고 굽은 것이 곧아지고 험한 길이 평탄하여질 것이요 6 모든 육체가 하나님의 구원하심을 보리라 함과 같으니라

사 40:3-5

지문 성경 말씀 중 대화가 아닌 내용은 사각박스 안에 넣어 구분했습니다.

서판 신약의 본문 중 구약 성경을 인용한 부분은 오래된 양피지 모양의 박스 안에 구약의 책 이름과 장절을 밝혀 별도로 표시했습니다.

57 길 가실 때에 어떤 사람이 여짜오되

어디로 가시든지 나는 따르리이다

있으되 인자는 머리 둘 곳이 없도다 하시고

9:54 **우리가 불을 명하여** 일부 헬라어 사본들에는 "우리가 엘리야가 했듯이 불을 명하여"라고 되어 있다.
9:55,56 **꾸짖으시고 함께 다른 마을로** '꾸짖으시고' 다음에 일부 헬라어 사본들에는 "말씀하시기를 너희는 너희가 어떤 영에 속해 있는지를 모르는구나. 인자는 사람들의 영혼을 멸하기 위해 오지 않고 구원하기 위해 왔노라 하시고"라고 기록되어 있다.

각주 일부 페이지 하단에 각주가 나옵니다. 해당 단어나 구(句)에 대한 설명 및 구절 인용 정보 등을 더 얻을 수 있습니다.

배경 그림 그림을 통해 등장인물의 구체적인 행동과 특정 구절의 상황을 빠르게 이해할 수 있습니다. 예를 들면 누가 말하는 것인지, 하루 중 어느 때 일어난 사건인지, 집안에서 일어난 일인지 아니면 집 밖에서 일어난 일인지, 주변에 누가 있었는지, 1세기 이스라엘의 생활풍습 등 좀 더 구체적인 큰 그림을 연상할 수 있도록 도와줍니다.

배경 지도 신약시대의 세계라 할 수 있는 팔레스타인 지역과 지중해 연안 지도, 아시아의 일곱 교회가 있었던 지금의 터키 지역 등 구체적인 이해를 돕는 지도가 있습니다.

1장

2장

3장

4장

차례

5장

6장

7장

8장

9장

10장

11장

12장

13장

14장

15장

16장

신약
개역개정판
마가복음
The GOSPEL of Mark

마가복음 1장
복음을 전파하다
1 하나님의 아들 예수 그리스도의 복음
의 시작이라 2 선지자 이사야의 글에
보라 내가 내 사자를 네 앞
에 보내노니 그가 네 길을
준비하리라 말 3:1
3 광야에 외치는 자의 소리
가 있어 이르되 너희는 주
의 길을 준비하라 그의 오
실 길을 곧게 하라 기록된
것과 같이 사 40:3
4 세례 요한이 광야에 이르러 죄 사함을
받게 하는 회개의 세례를 전파하니 5 온
유대 지방과 예루살렘 사람이 다 나아가
자기 죄를 자복하고 요단 강에서 그에게
세례를 받더라 6 요한은 낙타털 옷을 입
고 허리에 가죽 띠를 띠고 메뚜기와 석
청을 먹더라 7 그가 전파하여 이르되
나보다 능력 많으신 이가 내 뒤
에 오시나니 나는 굽혀 그의 신
발끈을 풀기도 감당하지 못하겠
노라 8 나는 너희에게 물로 세
례를 베풀었거니와 그는 너희에
게 성령으로 세례를 베푸시리라

세례를 받으시다

9 그 때에 예수께서 갈
릴리 나사렛으로부터
와서 요단 강에서 요
한에게 세례를 받으시
고 10 곧 물에서 올라
오실새 하늘이 갈라짐
과 성령이 비둘기 같
이 자기에게 내려오심
을 보시더니

11 하늘로부터 소리가 나기를

시험을 받으시다

12 성령이 곧 예수를 광야로 몰아내신지라

13 광야에서 사십 일을 계시면서 사탄에게
시험을 받으시며 들짐승과 함께 계시니 천
사들이 수종들더라

갈릴리에서 복음을 전파하시다

14 요한이 잡힌 후 예수께서
갈릴리에 오셔서 하나님의 복
음을 전파하여 15 이르시되

어부들을 부르시다

16 갈릴리 해변으로 지나
가시다가 시몬•과 그 형
제 안드레가 바다에 그물
던지는 것을 보시니 그들
은 어부라 17 예수께서
이르시되

18 곧 그물을 버려 두고 따
르니라 19 조금 더 가시다
가 세베대의 아들 야고보
와 그 형제 요한을 보시니
그들도 배에 있어 그물을
깁는데 20 곧 부르시니 그
아버지 세베대를 품꾼들과
함께 배에 버려 두고 예수
를 따라가니라

1:16 시몬 시몬의 또 다른 이름은 베드로이다.

더러운 귀신 들린 사람을 고치시다
21 그들이 가버나움에 들어가니라
예수께서 곧 안식일에 회당에 들
어가 가르치시매 22 뭇 사람이 그
의 교훈에 놀라니 이는 그가 가르
치시는 것이 권위 있는 자와 같고
서기관들과 같지 아니함일러라
23 마침 그들의 회당에 더러운 귀
신 들린 사람이 있어 소리 질러 이
르되

24 나사렛 예수여 우리가 당신과 무슨 상관이 있나이까 우리를 멸하러 왔나이까 나는 당신이 누구인 줄 아노니 하나님의 거룩한 자니이다

25 예수께서 꾸짖어 이르시되
잠잠하고 그 사람에게서 나오라 하시니
26 더러운 귀신이 그 사람에게 경련을 일으키고 큰 소리를 지르며 나오는지라

27 다 놀라 서로 물어 이르되
이는 어찜이냐 권위 있는 새 교훈이로다 더러운 귀신들에게 명한즉 순종하는도다 하더라
28 예수의 소문이 곧 온 갈릴리 사방에 퍼지더라

많은 사람을 고치시다

29 회당에서
나와 곧 야
고보와 요한
과 함께 시
몬과 안드레
의 집에 들
어가시니

30 시몬의 장모가 열병
으로 누워 있는지라 사
람들이 곧 그 여자에 대
하여 예수께 여짜온대
31 나아가사 그 손을 잡
아 일으키시니 열병이
떠나고 여자가 그들에게
수종드니라

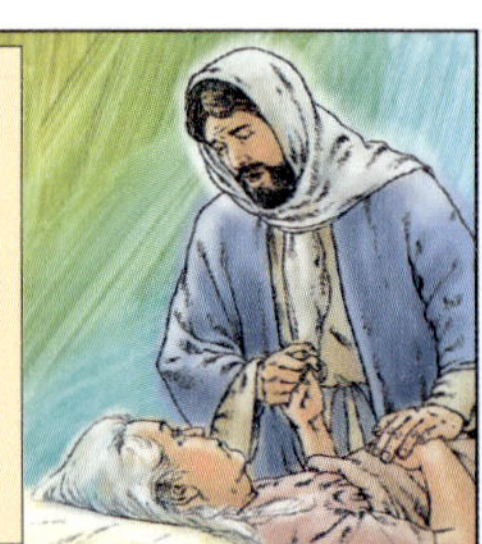

32 저물어 해 질 때
에 모든 병자와 귀
신 들린 자를 예수
께 데려오니 33 온
동네가 그 문 앞에
모였더라 34 예수
께서 각종 병이 든
많은 사람을 고치
시며 많은 귀신을
내쫓으시되 귀신이
자기를 알므로 그
말하는 것을 허락
하지 아니하시니라

전도 여행을 떠나시다

35 새벽 아직도 밝
기 전에 예수께서
일어나 나가 한적
한 곳으로 가사 거
기서 기도하시더
니 36 시몬과 및
그와 함께 있는 자
들이 예수의 뒤를
따라가 37 만나서
이르되

나병환자를 깨끗하게 하시다

41 예수께서 불쌍히 여기사 손을 내밀어 그에게 대시며 이르시되

45 그러나 그 사람이 나가서 이 일을 많이 전파하여 널리 퍼지게 하니 그러므로 예수께서 다시는 드러나게 동네에 들어가지 못하시고 오직 바깥 한적한 곳에 계셨으나 사방에서 사람들이 그에게로 나아오더라

1:44 모세가 명한 더 자세한 것은 레위기 14장 1-32절을 읽으라.

3 사람들이 한 중풍
병자를 네 사람에
게 메워 가지고 예
수께로 올새 4 무
리들 때문에 예수
께 데려갈 수 없으
므로 그 계신 곳의
지붕을 뜯어 구멍
을 내고

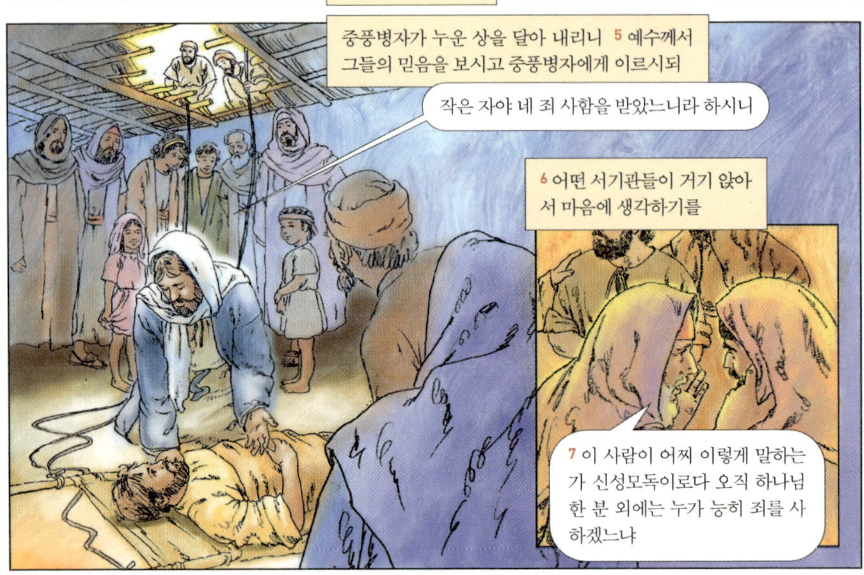

12 그가 일어나 곧 상을 가지고 모든 사람 앞에서 나가거늘 그들이 다 놀라 하나님께 영광을 돌리며 이르되

우리가 이런 일을 도무지 보지 못하였다 하더라

레위를 부르시다

13 예수께서 다시 바닷가에 나가시매 큰 무리가 나왔거늘 예수께서 그들을 가르치시니라

14 또 지나가시다가 알패오의 아들 레위가 세관에 앉아 있는 것을 보시고 그에게 이르시되
나를 따르라
하시니 일어나 따르니라
15 그의 집에 앉아 잡수실 때에 많은 세리와 죄인들이 예수와 그의 제자들과 함께 앉았으니 이는 그러한 사람들이 많이 있어서 예수를 따름이러라

16 바리새인의 서기관들이 예수께서 죄인 및 세리들과 함께 잡수시는 것을 보고 그의 제자들에게 이르되
어찌하여 세리 및 죄인들과 함께 먹는가

17 예수께서 들으시고 그들에게 이르시되

건강한 자에게는 의사가 쓸 데 없고 병든 자에게라야 쓸 데 있느니라 나는 의인을 부르러 온 것이 아니요 죄인을 부르러 왔노라 하시니라

금식 논쟁

18 요한• 의 제자들과 바리새인들이 금식•하고 있는지라 사람들이 예수께 와서 말하되

요한의 제자들과 바리새인의 제자들은 금식하는데 어찌하여 당신의 제자들은 금식하지 아니하나이까

19 예수께서 그들에게 이르시되

혼인 집 손님들이 신랑과 함께 있을 때에 금식할 수 있느냐 신랑과 함께 있을 동안에는 금식할 수 없느니라

20 그러나 신랑을 빼앗길 날이 이르리니 그 날에는 금식할 것이니라

21 생베 조각을 낡은 옷에 붙이
는 자가 없나니 만일 그렇게 하

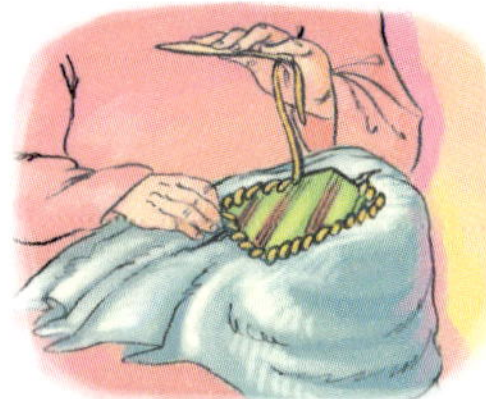

면 기운 새 것이 낡은 그것을 당
기어 해어짐이 더하게 되느니라

22 새 포도주를 낡은 가죽 부대
에 넣는 자가 없나니 만일 그렇

게 하면 새 포도주가 부대를 터
뜨려 포도주와 부대를 버리게 되

리라 오직 새 포도주는 새 부대
에 넣느니라 하시니라

2:18 **요한** 그리스도께서 오실 것을 사람들에게 미리 선포한 세례 요한(막 1:4-8 참조).
2:18 **금식** 기도하며 하나님을 경배하는 특별한 때에 사람들은 금식하였다. 또한 금식은 슬픔의 표현이기도 했다.

안식일에 밀 이삭을 자르다
23 안식일에 예
수께서 밀밭 사
이로 지나가실
새 그의 제자들
이 길을 열며 이
삭을 자르니
24 바리새인들이 예수께
말하되
보시오 저들
이 어찌하여
안식일에 하
지 못할 일
을 하나이까
25 예수께서 이르시되
다윗이 자기와 및 함께 한 자들이 먹을 것이 없
어 시장할 때에 한 일을 읽지 못하였느냐 26 그
가 아비아달 대제사장 때에 하나님의 전에 들어
가서 제사장 외에는 먹어서는 안 되는 진설병을
먹고 함께 한 자들에게도 주지 아니하였느냐
27 또 이르시되
안식일이 사람을 위하여 있는 것이요 사람이 안식일을 위하여
있는 것이 아니니 28 이러므로 인자는 안식일에도 주인이니라

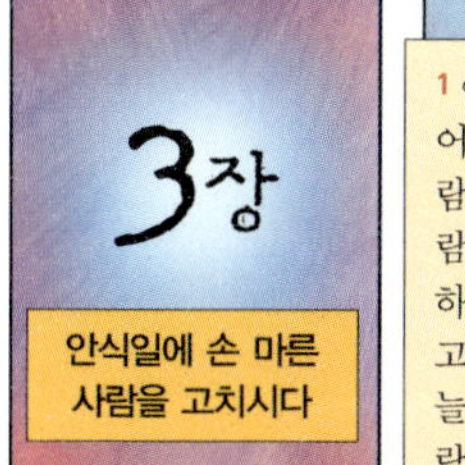
3장
안식일에 손 마른
사람을 고치시다

1 예수께서 다시 회당에 들
어가시니 한쪽 손 마른 사
람이 거기 있는지라 2 사
람들이 예수를 고발하려
하여 안식일에 그 사람을
고치시는가 주시하고 있거
늘 3 예수께서 손 마른 사
람에게 이르시되

한 가운데에 일어
서라 하시고
4 그들에게 이르시되
안식일에 선을 행하는
것과 악을 행하는 것,
생명을 구하는 것과
죽이는 것, 어느 것이
옳으냐 하시니
그들이 잠잠하거늘

3:6 **헤롯당** 헤롯과 그의 가문을 따랐던 정치적 무리

열두 제자를 세우시다

13 또 산에 오르사 자기가 원하는
자들을 부르시니 나아온지라 14
이에 열둘을 세우셨으니• 이는
자기와 함께 있게 하시고 또 보내
사 전도도 하며 15 귀신을 내쫓
는 권능도 가지게 하려 하심이러
라 16 이 열둘을 세우셨으니 시
몬에게는 베드로란 이름을 더하
셨고 17 또 세베대의 아들 야고
보와 야고보의 형제 요한이니 이
둘에게는 보아너게 곧 우레의 아
들이란 이름을 더하셨으며 18 또
안드레와 빌립과 바돌로매와 마
태와 도마와 알패오의 아들 야고
보와 및 다대오와 가나나인 시몬
이며 19 또 가룟 유다니 이는 예
수를 판 자더라

예수와 바알세불

20 집에 들어가시니 무리
가 다시 모이므로 식사할
겨를도 없는지라 21 예수
의 친족들이 듣고 그를 붙
들러 나오니 이는 그가 미
쳤다 함일러라

3:14 **열둘을 세우셨으니** 이 표현 다음에 일부 헬라어 사본들에서는 "그들을 사도라고 부르셨다"라는 말이 나온다.

예수의 어머니와 형제 자매

31 그 때에 예수의
어머니와 동생들이
와서 밖에 서서 사
람을 보내어 예수
를 부르니 32 무리
가 예수를 둘러 앉
았다가 여짜오되

보소서 당신의 어머니와 동생들과 누이들이• 밖에서 찾나이다

33 대답하시되

누가 내 어머니이며 동생들이냐 하시고

3:32 **어머니와 동생들과 누이들이** 일부 헬라어 사본들에는 '누이들이'라는 표현이 나오지 않는다.

1 예수께서 다시 바닷가에
서 가르치시니 큰 무리가
모여들거늘 예수께서 바다
에 떠 있는 배에 올라 앉으
시고 온 무리는 바닷가 육
지에 있더라 2 이에 예수
께서 여러 가지를 비유로
가르치시니 그 가르치시는
중에 그들에게 이르시되

3 들으라 씨를 뿌리는 자가 뿌리
러 나가서 4 뿌릴새 더러는 길

가에 떨어지매 새들이 와서 먹어
버렸고 5 더러는 흙이 얕은 돌밭

에 떨어지매 흙이 깊지 아니하므
로 곧 싹이 나오나 6 해가 돋은

후에 타서 뿌리가 없으므로 말
랐고 7 더러는 가시떨기에 떨어

지매 가시가 자라 기운을 막으므
로 결실하지 못하였고

하나님 나라의 비밀을 너희에게
는 주었으나 외인에게는 모든 것
을 비유로 하나니 12 이는

> 그들로 보기는 보아도
> 알지 못하며 듣기는 들
> 어도 깨닫지 못하게 하
> 여 돌이켜 죄 사함을
> 얻지 못하게 하려 함이
> 라 하시고 사 6:9,10

13 또 이르시되

너희가 이 비유를 알지 못할진대
어떻게 모든 비유를 알겠느냐
14 뿌리는 자는 말씀을 뿌리는 것
이라 15 말씀이 길 가에 뿌려졌
다는 것은 이들을 가리킴이니 곧
말씀을 들었을 때에 사탄이 즉시
와서 그들에게 뿌려진 말씀을 빼

앗는 것이요 16 또 이와 같이 돌
밭에 뿌려졌다는 것은 이들을 가

리킴이니 곧 말씀을 들을 때에
즉시 기쁨으로 받으나 17 그 속
에 뿌리가 없어 잠깐 견디다가
말씀으로 인하여 환난이나 박해

가 일어나는 때에는 곧 넘어지는
자요 18 또 어떤 이는 가시떨기
에 뿌려진 자니 이들은 말씀을
듣기는 하되 19 세상의 염려와
재물의 유혹과 기타 욕심이 들어
와 말씀을 막아 결실•하지 못하
게 되는 자요

4:19 **결실** 결실한다는 것은 하나님께서 원하시는 선한 것들이 삶에서 나타난다는 것을 의미한다.

20 좋은 땅에 뿌려졌다는 것은
곧 말씀을 듣고 받아 삼십 배나
육십 배나 백 배의 결실을 하는
자니라

등불은 등경 위에

21 또 그들에게 이르시되

사람이 등불을 가져오는 것은 말
아래에나 평상 아래에 두려 함이
냐 등경 위에 두려 함이 아니냐
22 드러내려 하지 않고는 숨긴
것이 없고 나타내려 하지 않고는
감추인 것이 없느니라 23 들을
귀 있는 자는 들으라 24 또 이르
시되 너희가 무엇을 듣는가 스스
로 삼가라 너희의 헤아리는 그
헤아림으로 너희가 헤아림을 받
을 것이며 더 받으리니 25 있는
자는 받을 것이요 없는 자는 그
있는 것까지도 빼앗기리라

자라나는 씨 비유

26 또 이르시되

하나님의 나라는 사람이 씨를 땅
에 뿌림과 같으니 27 그가 밤낮
자고 깨고 하는 중에 씨가 나서
자라되 어떻게 그리 되는지를 알
지 못하느니라 28 땅이 스스로
열매를 맺되 처음에는 싹이요 다
음에는 이삭이요 그 다음에는 이
삭에 충실한 곡식이라 29 열매가
익으면 곧 낫을 대나니 이는 추수
때가 이르렀음이라

겨자씨 비유

30 또 이르시되

우리가 하나님의 나라를 어떻게
비교하며 또 무슨 비유로 나타낼
까 31 겨자씨 한 알과 같으니 땅
에 심길 때에는 땅 위의 모든 씨
보다 작은 것이로되 32 심긴 후
에는 자라서 모든 풀보다 커지며
큰 가지를 내나니 공중의 새들이
그 그늘에 깃들일 만큼 되느니라

비유로 가르치시다

33 예수께서 이러한 많은 비유로
그들이 알아 들을 수 있는 대로
말씀을 가르치시되 34 비유가 아
니면 말씀하지 아니하시고 다만
혼자 계실 때에 그 제자들에게 모
든 것을 해석하시더라

마가복음 4:35－39

바람과 바다를 잔잔하게 하시다
35 그 날 저물 때에 제자들에게 이르시되
우리가 저편으로 건너가자 하시니
36 그들이 무리를 떠나 예수를 배에 계신 그대로 모시고 가매 다른 배들도 함께 하더니 37 큰 광풍이 일어나며 물결이 배에 부딪쳐 들어와 배에 가득하게 되었더라

38 예수께서는 고물에서 베개를 베고 주무시더니 제자들이 깨우며 이르되

선생님이여 우리가 죽게 된 것을 돌보지 아니하시나이까 하니

39 예수께서 깨어

바람을 꾸짖으시며 바다더러 이르시되
잠잠하라 고요하라

하시니 바람이 그치고
아주 잔잔하여지더라

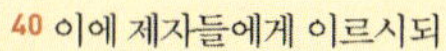

어찌하여 이렇게 무서워하느냐 너
희가 어찌 믿음이 없느냐 하시니

41 그들이 심히 두려워하여 서로 말하되

그가 누구이기에 바람과 바다도
순종하는가 하였더라

5장

귀신 들린 사람을 고치시다

1 예수께서 바다 건너편 거라사
인의 지방•에 이르러 2 배에서
나오시매 곧 더러운 귀신 들린
사람이 무덤 사이에서 나와 예수
를 만나니라 3 그 사람은 무덤
사이에 거처하는데 이제는 아무
도 그를 쇠사슬로도 맬 수 없게
되었으니 4 이는 여러 번 고랑과
쇠사슬에 매였어도 쇠사슬을 끊
고 고랑을 깨뜨렸음이러라

그리하여 아무도 그를 제어할 힘이
없는지라 5 밤낮 무덤 사이에서나
산에서나 늘 소리 지르며 돌로 자
기의 몸을 해치고 있었더라 6 그가
멀리서 예수를 보고 달려와 절하며
7 큰 소리로 부르짖어 이르되

지극히 높으신 하나님의 아들 예수여 나와 당
신이 무슨 상관이 있나이까 원하건대 하나님
앞에 맹세하고 나를 괴롭히지 마옵소서 하니

8 이는 예수께서 이미 그에게 이르시기를

더러운 귀신아 그 사람에
게서 나오라 하셨음이라

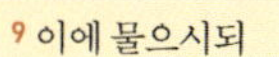

네 이름이 무엇이냐

이르되

내 이름은 군대•니 우리
가 많음이니이다 하고

10 자기를 그 지방에서 내보내지
마시기를 간구하더니

11 마침 거기 돼지의 큰 떼가 산
곁에서 먹고 있는지라

5:1 **거라사인의 지방** 갈릴리 호수 동남쪽에 있던 지역이지만 구체적인 위치는 불확실하다. 어떤 헬라어 사본들에서는 '게르게사인의 지방'으로, 또 다른 헬라어 사본들에서는 '가다라인의 지방'으로 나온다.

5:9 **군대** 이것은 매우 많다는 뜻이다. 고대 로마에서 하나의 군대는 약 5천 명으로 구성되었다.

5:20 **데가볼리** '열 도시'라는 뜻의 헬라어. 갈릴리 호수 동편의 이 지역에는 한때 열 개의 주요 도시가 있었다.

가진 것도 다 허비하
였으되 아무 효험이
없고 도리어 더 중하
여졌던 차에 27 예수
의 소문을 듣고 무리
가운데 끼어 뒤로 와
서 그의 옷에 손을 대
니 28 이는

내가 그의 옷에만 손을 대어도 구
원을 받으리라 생각함일러라

29 이에 그의 혈루 근원이 곧 마
르매 병이 나은 줄을 몸에 깨달
으니라 30 예수께서 그 능력이
자기에게서 나간 줄을 곧 스스로
아시고 무리 가운데서 돌이켜

말씀하시되
누가 내 옷에 손을 대었느냐 하시니
31 제자들이 여짜오되
무리가 에워싸 미는 것을 보시며 누가 내게 손을 대었느냐 물으시나이까 하되
32 예수께서 이 일 행한 여자를 보려고 둘러 보시니 33 여자가 자기에게 이루어진 일을 알고 두려워하여 떨며 와서 그 앞에 엎드려 모든 사실을 여쭈니 34 예수께서 이르시되

딸아 네 믿음이 너를 구원하였으니 평안히 가라 네 병에서 놓여 건강할지어다
35 아직 예수께서 말씀하실 때에 회당장의 집에서 사람들이 와서 회당장에게 이르되
당신의 딸이 죽었나이다 어찌하여 선생을 더 괴롭게 하나이까

36 예수께서 그 하는 말을 곁에서 들으시고 회당장에게 이르시되
두려워하지 말고 믿기만 하라 하시고
37 베드로와 야고보와 야고보의 형제 요한 외에 아무도 따라옴을 허락하지 아니하시고 38 회당장의 집에 함께 가사 떠드는 것과 사람들이 울며 심히 통곡함을 보시고

39 들어가서 그들에게 이르시되
너희가 어찌하여 떠들며 우느냐 이 아이가 죽은 것이 아니라 잔다 하시니
40 그들이 비웃더라

42 소녀가 곧 일어나서
걸으니 나이가 열두 살
이라 사람들이 곧 크게
놀라고 놀라거늘 43 예
수께서 이 일을 아무도
알지 못하게 하라고 그
들을 많이 경계하시고
이에 소녀에게 먹을 것
을 주라 하시니라

6:11 **먼지를 떨어버려** 이것은 그들이 사람들에게 할 말을 다했다는 표시가 된다.
6:11 **증거를 삼으라** 이 다음에 일부 헬라어 사본들에서는 "내가 진실로 너희에게 이르노니 심판 날에 소돔과 고모라 땅이 그 성의 사람들보다 견디기 쉬우리라"라는 기록이 나온다(마 10:15 참조).

세례 요한의 죽음

19 헤로디아가 요한을 원수로 여
겨 죽이고자 하였으되 하지 못한
것은 20 헤롯이 요한을 의롭고 거
룩한 사람으로 알고 두려워하여
보호하며 또 그의 말을 들을 때에
크게 번민을 하면서도 달갑게 들
음이러라 21 마침 기회가 좋은 날
이 왔으니 곧 헤롯이 자기 생일에
대신들과 천부장들과 갈릴리의
귀인들로 더불어 잔치할새 22 헤
로디아의 딸•이 친히 들어와 춤을
추어 헤롯과 그와 함께 앉은 자들
을 기쁘게 한지라 왕이 그 소녀에
게 이르되

무엇이든지 네가 원하는 것을 내게 구하라 내가 주리라 하고

23 또 맹세
하기를

무엇이든지 네가 내게 구하면 내 나라의 절반까지라도 주리라 하거늘

6:14 **헤롯 왕이** 일부 헬라어 사본들에서는 이것이 '어떤 사람들이'로 되어 있다.
6:15 **엘리야** 하나님의 말씀을 대언했던 사람. 그는 그리스도께서 오시기 몇 백 년 전에 살았다.
6:22 **헤로디아의 딸** 일부 헬라어 사본들에는 이것이 '그의 딸 헤로디아'로 되어 있다.

25 그가 곧 왕에게 급히 들어가
구하여 이르되

세례 요한의 머리를 소반에 얹어
곧 내게 주기를 원하옵나이다 하니

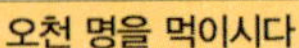

30 사도들이 예수께 모여 자기
들이 행한 것과 가르친 것을
낱낱이 고하니 31 이르시되

너희는 따로 한적한 곳에
가서 잠깐 쉬어라 하시니

이는 오고 가는 사람이 많아 음식 먹을 겨를도 없음이라

32 이에 배를 타고
따로 한적한 곳에
갈새 33 그들이 가
는 것을 보고 많은
사람이 그들인 줄
안지라 모든 고을
로부터 도보로 그
곳에 달려와 그들
보다 먼저 갔더라

34 예수께서 나오사 큰
무리를 보시고 그 목자
없는 양 같음으로 인하
여 불쌍히 여기사 이에
여러 가지로 가르치시더
라 35 때가 저물어가매
제자들이 예수께 나아와
여짜오되

이 곳은 빈 들이요 날도 저물어가니 36 무리를 보내어 두루 촌과 마을로 가서 무엇을 사 먹게 하옵소서
37 대답하여 이르시되
너희가 먹을 것을 주라
하시니 여짜오되
우리가 가서 이백 데나리온의 떡을 사다 먹이리이까

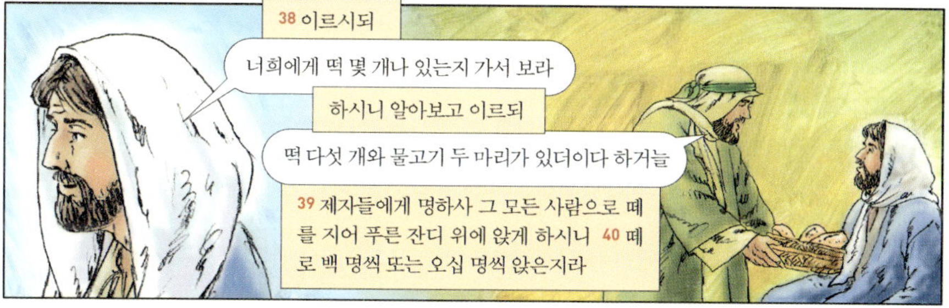
38 이르시되
너희에게 떡 몇 개나 있는지 가서 보라
하시니 알아보고 이르되
떡 다섯 개와 물고기 두 마리가 있더이다 하거늘
39 제자들에게 명하사 그 모든 사람으로 떼
를 지어 푸른 잔디 위에 앉게 하시니 40 떼
로 백 명씩 또는 오십 명씩 앉은지라

41 예수께서 떡 다섯 개와 물고기 두 마
리를 가지사 하늘을 우러러 축사하시고
떡을 떼어 제자들에게 주어 사람들에게
나누어 주게 하시고 또 물고기 두 마리
도 모든 사람에게 나누시매

42 다 배불리 먹고 43 남은 떡 조각과 물고기를 열두 바구니에
차게 거두었으며 44 떡을 먹은 남자는 오천 명이었더라

바다 위로 걸으시다

45 예수께서 즉
시 제자들을 재
촉하사 자기가
무리를 보내는
동안에 배 타고
앞서 건너편 벳
새다로 가게 하
시고

46 무리를 작별
하신 후에 기도
하러 산으로 가
시니라

47 저물매 배는 바다
가운데 있고 예수께
서는 홀로 뭍에 계시
다가 48 바람이 거스
르므로 제자들이 힘
겹게 노 젓는 것을 보
시고 밤 사경쯤에 바
다 위로 걸어서 그들
에게 오사 지나가려
고 하시매

49 제자들이 그가 바다 위로
걸어 오심을 보고 유령인가
하여 소리 지르니 50 그들이
다 예수를 보고 놀람이라 이
에 예수께서 곧 그들에게 말
씀하여 이르시되

51 배에 올라 그들에게 가시니 바람이 그치는
지라 제자들이 마음에 심히 놀라니 52 이는
그들이 그 떡 떼시던 일을 깨닫지 못하고 도리
어 그 마음이 둔하여졌음이러라

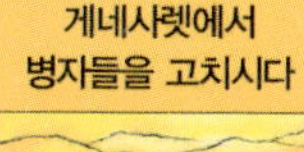

게네사렛에서 병자들을 고치시다

53 건너가 게네사렛 땅
에 이르러 대고 54 배
에서 내리니 사람들이
곧 예수신 줄을 알고
55 그 온 지방으로 달려
돌아 다니며 예수께서
어디 계시다는 말을 듣
는 대로 병든 자를 침
상째로 메고 나아오니

1 바리새인들과 또 서기관 중 몇
이 예루살렘에서 와서 예수께
모여들었다가 2 그의 제자 중
몇 사람이 부정한 손 곧 씻지 아
니한 손으로 떡 먹는 것을 보았
더라 3 (바리새인들과 모든 유
대인들은 장로들의 전통을 지키
어 손을 잘 씻지 않고서는 음식
을 먹지 아니하며

4 또 시장에서 돌아와서도 물을
뿌리지 않고서는 먹지 아니하며
그 외에도 여러 가지를 지키어
오는 것이 있으니 잔과 주발과
놋그릇을• 씻음이러라) 5 이에
바리새인들과 서기관들이 예수
께 묻되

어찌하여 당신의 제자들은 장
로들의 전통을 준행하지 아니
하고 부정한 손으로 떡을 먹
나이까

6 이르시되

이사야가 너희 외식하는 자에 대하여
잘 예언하였도다 기록하였으되

이 백성이 입술로는 나를
공경하되 마음은 내게서 멀
도다 7 사람의 계명으로 교
훈을 삼아 가르치니 나를
헛되이 경배하는도다
사 29:13

하였느니라 8 너희가 하나님의 계명
은 버리고 사람의 전통을 지키느니라•

7:4 **놋그릇을** 일부 헬라어 사본들에는 이것이 '놋그릇과 식사용 긴 의자를'로 되어 있다.
7:8 **전통을 지키느니라** 일부 헬라어 사본들에는 이 다음에 "너희가 놋그릇과 주전자를 씻고 또 그와 같은 일들을 많이 하느니라"라고 기록되어 있다.

7:10 네 부모를 공경하라 출 20:12 또는 신 5:16 인용
7:10 아버지나 어머니를 … 당하리라 출 21:17 인용
7:16 더럽게 하는 것이니라 일부 헬라어 사본들에는 이 다음에 "들을 귀 있는 자는 들을지어다"라고 기록되어 있다.

수로보니게 여자의 믿음

24 예수께서 일어나사 거기를
떠나 두로 지방으로 가서• 한
집에 들어가 아무도 모르게
하시려 하나 숨길 수 없더라
25 이에 더러운 귀신 들린 어
린 딸을 둔 한 여자가 예수의
소문을 듣고 곧 와서 그 발
아래에 엎드리니

26 그 여자는 헬라인이요 수로보
니게 족속이라 자기 딸에게서 귀
신 쫓아내 주시기를 간구하거늘
27 예수께서 이르시되

7:24 **두로 지방으로 가서** 일부 헬라어 사본들에서는 이것이 "두로와 시돈 지방으로 가서"라고 되어 있다.

29 예수께서 이르시되

30 여자가 집에 돌아가 본즉 아이가
침상에 누웠고 귀신이 나갔더라

귀 먹고 말 더듬는 사람을 고치시다

31 예수께서 다시 두로 지방에서 나
와 시돈을 지나고 데가볼리 지방을
통과하여 갈릴리 호수에 이르시매

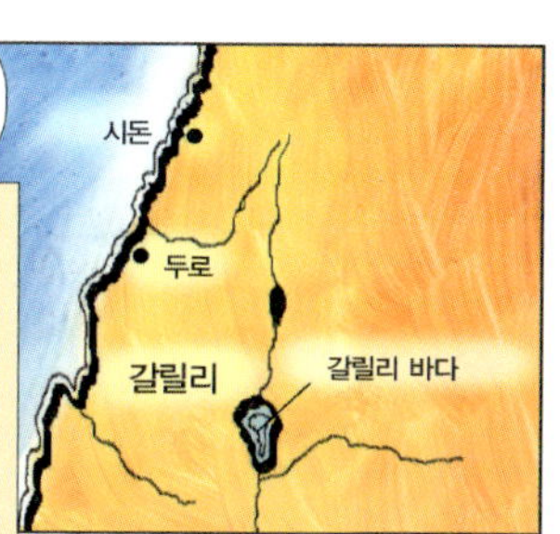

32 사람들이 귀
먹고 말 더듬는
자를 데리고 예
수께 나아와 안
수하여 주시기
를 간구하거늘
33 예수께서 그
사람을 따로 데
리고 무리를 떠
나사

손가락을 그의 양 귀에 넣고 침을 뱉어 그의
혀에 손을 대시며

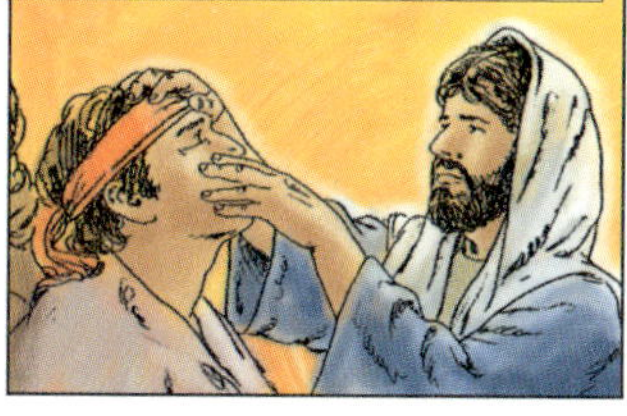

34 하늘을 우러러 탄식하시며
그에게 이르시되

하시니 이는 열리라는 뜻
이라 35 그의 귀가 열리
고 혀가 맺힌 것이 곧 풀
려 말이 분명하여졌더라

36 예수께서 그들에게 경고하
사 아무에게도 이르지 말라 하
시되 경고하실수록 그들이 더
욱 널리 전파하니 37 사람들이
심히 놀라 이르되

8장

사천 명을 먹이시다

1 그 무렵에
또 큰 무리가
있어 먹을 것
이 없는지라
예수께서 제
자들을 불러
이르시되

4 제자들이 대답하되

5 예수께서 물으시되

이르되

6 예수께서 무리를
명하여 땅에 앉게
하시고 떡 일곱 개
를 가지사 축사하시
고 떼어 제자들에게
주어 나누어 주게
하시니 제자들이 무
리에게 나누어 주더
라 7 또 작은 생선
두어 마리가 있는지
라 이에 축복하시고
명하사 이것도 나누
어 주게 하시니 8
배불리 먹고 남은
조각 일곱 광주리를
거두었으며 9 사람
은 약 사천 명이었
더라 예수께서 그들
을 흩어 보내시고

10 곧 제자들과 함께 배에 오르사 달마누다 지방으로 가시니라

이 세대가 표적을 구하나

11 바리새인들이 나와서 예수를 힐난하며 그를 시험하여 하늘로부터 오는 표적을 구하거늘 12 예수께서 마음속으로 깊이 탄식하시며 이르시되

어찌하여 이 세대가 표적을 구하느냐 내가 진실로 너희에게 이르노니 이 세대에 표적을 주지 아니하리라 하시고

13 그들을 떠나 다시 배에 올라 건너편으로 가시니라

바리새인들과 헤롯의 누룩

14 제자들이 떡 가져오기를 잊었으매 배에 떡 한 개밖에 그들에게 없더라 15 예수께서 경고하여 이르시되

삼가 바리새인들의 누룩과 헤롯의 누룩을 주의하라 하시니

16 제자들이 서로 수군거리기를 이는 우리에게 떡이 없음이로다 하거늘 17 예수께서 아시고 이르시되

너희가 어찌 떡이 없음으로 수군거리느냐 아직도 알지 못하며 깨닫지 못하느냐 너희 마음이 둔하냐 18 너희가 눈이 있어도 보지 못하며 귀가 있어도 듣지 못하느냐

마가복음 8:22-30

벳새다에서 맹인을 고치시다

22 벳새다에 이르매 사람
들이 맹인 한 사람을 데리
고 예수께 나아와 손 대시
기를 구하거늘 23 예수께
서 맹인의 손을 붙잡으시
고 마을 밖으로 데리고 나
가사 눈에 침을 뱉으시며
그에게 안수하시고

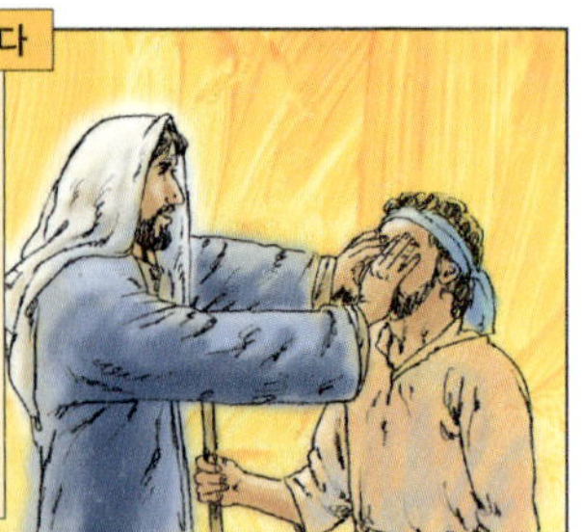

24 쳐다보며 이르되

25 이에 그 눈에 다시 안수하시매
그가 주목하여 보더니 나아서 모든
것을 밝히 보는지라

26 예수께서 그 사람을 집으로
보내시며 이르시되

베드로의 고백, 죽음과 부활을 말씀하심

27 예수와 제자들이 빌립보 가이
사랴 여러 마을로 나가실새 길에
서 제자들에게 물어 이르시되

28 제자들이 여짜와 이르되

29 또 물으시되

베드로가 대답하여 이르되

30 이에 자기의 일을 아무에게
도 말하지 말라 경고하시고

8:26 마을에는 들어가지 말라 일부 헬라어 사본들에는 이 다음에 "마을에 있는 사람에게 가서 말하지도 말라"라고 기록되어 있다.

31 인자가 많은 고난을 받
고 장로들과 대제사장들
과 서기관들에게 버린 바
되어 죽임을 당하고 사흘
만에 살아나야 할 것을 비
로소 그들에게 가르치시
되 32 드러내 놓고 이 말
씀을 하시니 베드로가 예
수를 붙들고 항변하매

33 예수께서 돌이키사 제자들을 보
시며 베드로를 꾸짖어 이르시되

사탄•아 내 뒤로 물러가라 네가 하나님
의 일을 생각하지 아니하고 도리어 사
람의 일을 생각하는도다 하시고

34 무리와 제자들을 불러 이르시되

누구든지 나를 따라오려거든 자
기를 부인하고 자기 십자가를 지
고 나를 따를 것이니라 35 누구
든지 자기 목숨을 구원하고자 하
면 잃을 것이요 누구든지 나와
복음을 위하여 자기 목숨을 잃으
면 구원하리라 36 사람이 만일
온 천하를 얻고도 자기 목숨을
잃으면 무엇이 유익하리요 37
사람이 무엇을 주고 자기 목숨과
바꾸겠느냐 38 누구든지 이 음
란하고 죄 많은 세대에서 나와
내 말을 부끄러워하면 인자도 아
버지의 영광으로 거룩한 천사들
과 함께 올 때에 그 사람을 부끄
러워하리라

9장

1 또 그들에게 이르시되

내가 진실로 너희에게 이르노니
여기 서 있는 사람 중에는 죽기
전에 하나님의 나라가 권능으로
임하는 것을 볼 자들도 있느니라
하시니라

8:33 사탄 '원수'라는 뜻을 가진 사탄이라는 말은 마귀를 가리킨다. 이 절에서 예수님은 베드로가 사탄처럼 말한다는 뜻으로 말씀하셨다.

영광스러운 모습으로 변형되시다

2 엿새 후에 예수께서 베드로와 야고
보와 요한을 데리시고 따로 높은 산
에 올라가셨더니

그들 앞에서 변형되사
3 그 옷이 광채가 나며
세상에서 빨래하는 자
가 그렇게 희게 할 수
없을 만큼 매우 희어
졌더라 4 이에 엘리야
가 모세와 함께 그들
에게 나타나 예수와
더불어 말하거늘

5 베드로가 예수께 고하되

6 이는 그들이 몹시 무서워하므로 그가
무슨 말을 할지 알지 못함이더라

7 마침 구름이 와서 그들을 덮으며 구
름 속에서 소리가 나되

이는 내 사랑하는 아들이니
너희는 그의 말을 들으라
하는지라

8 문득 둘러보니 아무도 보
이지 아니하고 오직 예수와
자기들뿐이었더라

9 그들이 산에서 내려올 때
에 예수께서 경고하시되

10 그들이 이 말씀을 마음에 두며
서로 문의하되 죽은 자 가운데서
살아나는 것이 무엇일까 하고

11 이에 예수께 묻자와 이르되

12 이르시되

엘리야가 과연 먼저 와서 모든
것을 회복하거니와 어찌 인자
에 대하여 기록하기를 많은 고
난을 받고 멸시를 당하리라 하
였느냐 13 그러나 내가 너희에
게 이르노니 엘리야가 왔으되
기록된 바와 같이 사람들이 함
부로 대우하였느니라 하시니라

귀신 들린 아이를 고치시다

14 이에 그들이 제자들에
게 와서 보니 큰 무리가 그
들을 둘러싸고 서기관들이
그들과 더불어 변론하고
있더라 15 온 무리가 곧 예
수를 보고 매우 놀라며 달
려와 문안하거늘 16 예수
께서 물으시되

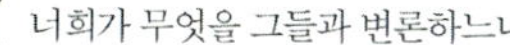

17 무리 중의 하나가 대답하되

선생님 말 못하게
귀신 들린 내 아
들을 선생님께 데
려왔나이다

18 귀신이 어디서든지
그를 잡으면 거꾸러져
거품을 흘리며 이를 갈
며 그리고 파리해지는
지라 내가 선생님의 제
자들에게 내쫓아 달라
하였으나 그들이 능히
하지 못하더이다

19 대답하여 이르시되

믿음이 없는 세
대여 내가 얼마
나 너희와 함께
있으며 얼마나
너희에게 참으
리요 그를 내게
로 데려오라 하
시매

20 이에 데리고 오니 귀신이 예수를
보고 곧 그 아이로 심히 경련을 일
으키게 하는지라 그가 땅에 엎드러
져 구르며 거품을 흘리더라

21 예수께서 그 아버지
에게 물으시되

언제부터 이렇
게 되었느냐

하시니 이르되

어릴 때부터니이다 22 귀신이 그를
죽이려고 불과 물에 자주 던졌나이
다 그러나 무엇을 하실 수 있거든 우
리를 불쌍히 여기사 도와 주옵소서

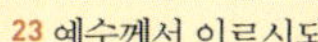

23 예수께서 이르시되

할 수 있거든이 무슨 말이냐 믿는 자에게는
능히 하지 못할 일이 없느니라 하시니

죽었다 하나

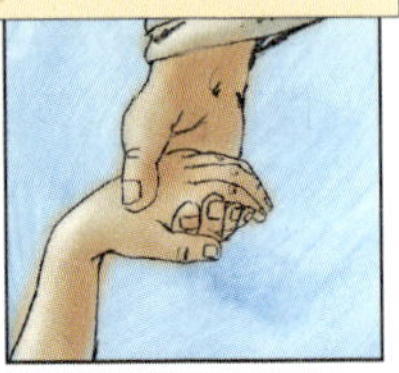

28 집에 들어가시매 제자들이 조용히 묻자오되

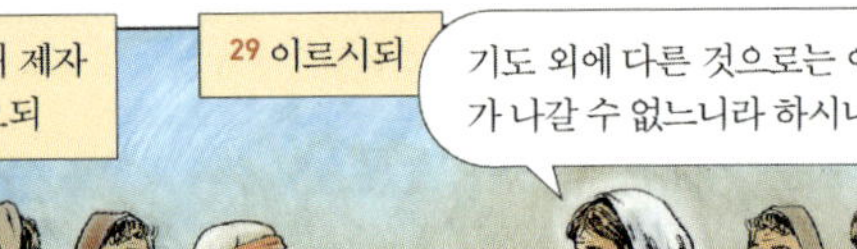

죽음과 부활을 두 번째로 말씀하시다

누가 크냐

33 가버나움에 이르러 집에 계실새

우리를 위하는 사람

9:44 일부 헬라어 사본들에는 "거기에서는 구더기도 죽지 않고 불도 꺼지지 아니하느니라"라고 기록되어 있다.

10장

이혼에 대하여 가르치시다

9:46 일부 헬라어 사본들에는 "거기에서는 구더기도 죽지 않고 불도 꺼지지 아니하느니라"라고 기록되어 있다.

5 예수께서 그들에게 이르시되

너희 마음이 완악함으로 말미암아 이 명령을
기록하였거니와 6 창조 때로부터 사람을 남
자와 여자로 지으셨으니• 7 이러므로 사람이
그 부모를 떠나서• 8 그 둘이 한 몸이 될지니
라 이러한즉 이제 둘이 아니요 한 몸이니• 9
그러므로 하나님이 짝지어 주신 것을 사람이
나누지 못할지니라 하시더라

10 집에서 제자들이 다시 이
일을 물으니 11 이르시되

누구든지 그 아내를 버리고
다른 데에 장가 드는 자는
본처에게 간음을 행함이요
12 또 아내가 남편을 버리고
다른 데로 시집 가면 간음
을 행함이니라

어린 아이들을 축복하시다

13 사람들이 예수께서 만져 주심
을 바라고 어린 아이들을 데리고
오매 제자들이 꾸짖거늘 14 예수
께서 보시고 노하시어 이르시되

어린 아이들이 내게 오
는 것을 용납하고 금하
지 말라 하나님의 나라
가 이런 자의 것이니라
15 내가 진실로 너희에게
이르노니 누구든지 하나
님의 나라를 어린 아이
와 같이 받들지 않는 자
는 결단코 그 곳에 들어
가지 못하리라 하시고

16 그 어린 아이들을 안고
그들 위에 안수하시고 축복
하시니라

10:6 남자와 여자로 지으셨으니 창 1:27 인용
10:7 그 부모를 떠나서 일부 헬라어 사본들에는 이 다음에 "그의 아내와 연합할 것이라"라고 기록되어 있다.
10:7,8 이러므로 … 한 몸이니 창 2:24 인용

재물이 많은 사람

17 예수께서 길에 나가실
새 한 사람이 달려와서 꿇
어 앉아 묻자오되

선한 선생님이여 내가
무엇을 하여야 영생을
얻으리이까

18 예수께서 이르시되

네가 어찌하여 나를 선하다
일컫느냐 하나님 한 분 외에
는 선한 이가 없느니라 19 네
가 계명을 아나니 살인하지
말라, 간음하지 말라, 도둑질
하지 말라, 거짓 증언 하지 말
라, 속여 빼앗지 말라, 네 부모
를 공경하라• 하였느니라

20 그가 여짜오되

선생님이여 이것은 내가 어려서
부터 다 지켰나이다

21 예수께서 그를 보시고 사랑하사 이르시되

네게 아직도 한 가지 부족한 것이
있으니 가서 네게 있는 것을 다 팔
아 가난한 자들에게 주라 그리하면
하늘에서 보화가 네게 있으리라 그
리고 와서 나를 따르라 하시니

22 그 사람은 재물이 많은 고로 이 말씀으로
인하여 슬픈 기색을 띠고 근심하며 가니라

23 예수께서 둘러 보시고 제자들에게 이르시되

재물이 있는 자는 하나님의 나라에
들어가기가 심히 어렵도다 하시니

24 제자들이 그 말씀에 놀라는지라
예수께서 다시 대답하여 이르시되

얘들아 하나님의 나라에• 들
어가기가 얼마나 어려운지

25 낙타가 바
늘귀로 나가
는 것이 부자
가 하나님의
나라에 들어
가는 것보다
쉬우니라 하
시니

26 제자들이 매우 놀라
서로 말하되

그런즉 누가 구원을 얻을 수 있는가 하니

27 예수께서 그들을 보시며 이르시되

사람으로는 할 수 없으되 하나님
으로는 그렇지 아니하니 하나님
으로서는 다 하실 수 있느니라

10:19 **살인하지 말라 … 네 부모를 공경하라** 출 20:12-16 또는 신 5:16-20 인용
10:24 **하나님의 나라에** 일부 헬라어 사본들에는 "재물을 의지하는 자는 하나님의 나라에"로 기록되어 있다.

28 베드로가 여짜와 이르되

보소서 우리가 모든 것을 버리고 주를 따랐나이다

29 예수께서 이르시되

내가 진실로 너희에게 이르노니 나와 복음을 위하여 집이나 형제나 자매나 어머니나 아버지나 자식이나 전토를 버린 자는 30 현세에 있어 집과 형제와 자매와 어머니와 자식과 전토를 백 배나 받되 박해를 겸하여 받고

내세에 영생을 받지 못할 자가 없느니라 31 그러나 먼저 된 자로서 나중 되고 나중 된 자로서 먼저 될 자가 많으니라

죽음과 부활을 세 번째로 이르시다

32 예루살렘으로 올라가는 길에 예수께서 그들 앞에 서서 가시는데 그들이 놀라고 따르는 자들은 두려워하더라 이에 다시 열두 제자를 데리시고 자기가 당할 일을 말씀하여 이르시되

33 보라 우리가 예루살렘에 올라가노니 인자가 대제사장들과 서기관들에게 넘겨지매 그들이 죽이기로 결의하고 이방인들에게 넘겨 주겠고 34 그들은 능욕하며 침 뱉으며 채찍질하고 죽일 것이나 그는 삼 일 만에 살아나리라 하시니라

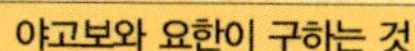

야고보와 요한이 구하는 것

35 세베대의 아들 야고보와 요한이 주께 나아와 여짜오되

선생님이여 무엇이든지 우리가 구하는 바를 우리에게 하여 주시기를 원하옵나이다

36 이르시되

너희에게 무엇을 하여 주기를 원하느냐

37 여짜오되

주의 영광중에서 우리를 하나는 주의 우편에, 하나는 좌편에 앉게 하여 주옵소서

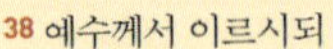

38 예수께서 이르시되

너희는 너희가 구하는 것을 알지 못하는도다 내가 마시는 잔을 너
희가 마실 수 있으며 내가 받는 세례를 너희가 받을 수 있느냐•

39 그들이 말하되

할 수 있나이다

예수께서 이르시되

너희는 내가 마시는 잔을 마시며
내가 받는 세례를 받으려니와

40 내 좌우편에
앉는 것은 내가
줄 것이 아니라
누구를 위하여
준비되었든지 그
들이 얻을 것이
니라

41 열 제자가 듣
고 야고보와 요
한에 대하여 화
를 내거늘 42
예수께서 불러
다가 이르시되

이방인의 집권자들이 그들을 임의로 주관하고
그 고관들이 그들에게 권세를 부리는 줄을 너희
가 알거니와 43 너희 중에는 그렇지 않을지니
너희 중에 누구든지 크고자 하는 자는 너희를
섬기는 자가 되고 44 너희 중에 누구든지 으뜸
이 되고자 하는 자는 모든 사람의 종이 되어야
하리라 45 인자가 온 것은 섬김을 받으려 함이
아니라 도리어 섬기려 하고 자기 목숨을 많은
사람의 대속물로 주려 함이니라

맹인 바디매오가 고침을 받다

46 그들이 여리고에 이르렀더니 예수
께서 제자들과 허다한 무리와 함께 여
리고에서 나가실 때에 디매오의 아들
인 맹인 거지 바디매오가 길 가에 앉
았다가 47 나사렛 예수시란 말을 듣
고 소리 질러 이르되

다윗의 자손 예수여 나를 불쌍히
여기소서 하거늘

48 많은 사람이 꾸짖어 잠잠하라 하되
그가 더욱 크게 소리 질러 이르되

다윗의 자손이여 나를 불쌍히
여기소서 하는지라

10:38 **내가 마시는 … 받을 수 있느냐** 예수님께서는 그들이 그분께 닥칠 고난을 함께 당할 수 있느냐고 물으신 것이다.

49 예수께서 머물러 서서

그를 부르라

51 예수께서 말씀하여 이르시되

네게 무엇을 하여 주기를 원하느냐

맹인이 이르되

선생님이여 보기를 원하나이다

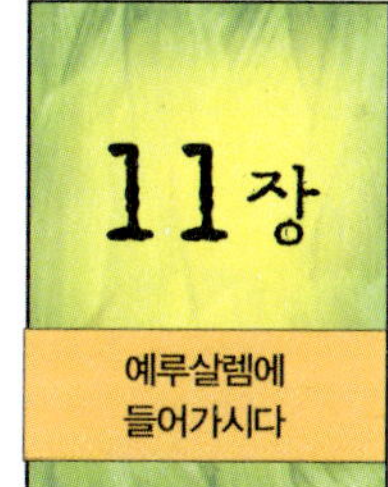

8 많은 사람들은 자기들의 겉옷을, 또 다른 이들은 들에서 벤 나뭇가지를 길에 펴며 9 앞에서 가고 뒤에서 따르는 자들이 소리 지르되

호산나• 찬송하리로다 주의 이름으로 오시는 이여
시 118:26

10 찬송하리로다 오는 우리 조상 다윗의 나라여 가장 높은 곳에서 호산나 하더라

11:9 **호산나** 본래 하나님께 도움을 구하는 기도를 드릴 때 사용되었던 히브리어. 여기에서는 하나님이나 그분의 메시야를 찬양하는 기쁨의 외침으로 사용된 것으로 보인다.

11 예수께서 예
루살렘에 이르
러 성전에 들어
가사 모든 것을
둘러 보시고 때
가 이미 저물매

열두 제자를 데리시고 베다니에
나가시니라

무화과나무에게 이르시다

12 이튿날 그들이 베다니에서 나왔
을 때에 예수께서 시장하신지라 13
멀리서 잎사귀 있는 한 무화과나무
를 보시고 혹 그 나무에 무엇이 있
을까 하여 가셨더니 가서 보신즉 잎
사귀 외에 아무 것도 없더라 이는
무화과의 때가 아님이라 14 예수께
서 나무에게 말씀하여 이르시되

하시니 제자들이 이를 듣더라

성전을 깨끗하게 하시다

15 그들이 예루살렘
에 들어가니라 예수
께서 성전에 들어가
사 성전 안에서 매매
하는 자들을 내쫓으
시며 돈 바꾸는 자들
의 상과 비둘기 파는
자들의 의자를 둘러
엎으시며 16 아무나
물건을 가지고 성전
안으로 지나다님을
허락하지 아니하시
고 17 이에 가르쳐
이르시되

11:17 내 집은 … 칭함을 받으리라 사 56:7 인용
11:17 강도의 소굴 렘 7:11 인용

마가복음 11:18－27

11:19 **그들이** 일부 헬라어 사본들에서는 '그들이' 대신에 '예수께서'라고 기록되어 있다.
11:26 일부 헬라어 사본들에는 "너희가 다른 사람들을 용서하지 아니하면 하늘에 계신 너희 아버지께서도 너희의 죄를 용서하지 아니하시리라"라고 기록되어 있다.

28 이르되

29 예수께서 이르시되

나도 한 말을 너희에게 물으리니 대답하라 그리하면 나도 무슨 권위로 이런 일을 하는지 이르리라
30 요한의 세례가 하늘로부터냐 사람으로부터냐 내게 대답하라

31 그들이 서로 의논하여 이르되

하였으나 모든 사람이 요한을 참 선지자로 여기므로 그들이 백성을 두려워하는지라

33 이에 예수께 대답하여 이르되

예수께서 이르시되

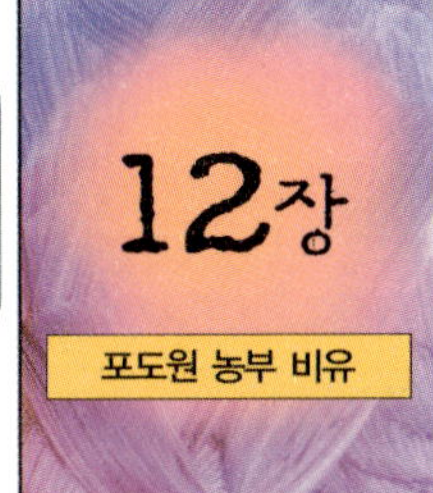

1 예수께서 비유로 그들에게 말씀하시되

한 사람이 포도원을 만들어 산울타리로 두르고 즙 짜는 틀을 만들고 망대를 지어서 농부들에게 세로 주고 타국에 갔더니

2 때가 이르매 농부들에게 포도원 소출 얼마를 받으려고 한 종을 보내니

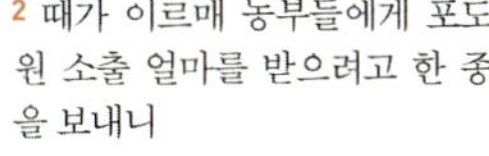

3 그들이 종을 잡아 심히 때리고
거저 보내었거늘 4 다시 다른 종

을 보내니 그의 머리에 상처를 내
고 능욕하였거늘 5 또 다른 종을
보내니 그들이 그를 죽이고 또 그
외 많은 종들도 더러는 때리고 더

러는 죽인지라 6 이제 한 사람이
남았으니 곧 그가 사랑하는 아들
이라 최후로 이를 보내며 이르되

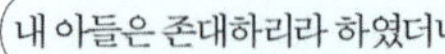

7 그 농부들이 서로 말하되

이는 상속자니 자 죽이자
그러면 그 유산이 우리 것
이 되리라 하고

8 이에 잡아 죽여 포도원 밖에 내
던졌느니라

9 포도원 주인이
어떻게 하겠느
냐 와서 그 농부
들을 진멸하고
포도원을 다른
사람들에게 주
리라 10 너희가
성경에

함을 읽어 보지도 못하
였느냐 하시니라 12 그
들이 예수의 이 비유가
자기들을 가리켜 말씀
하심인 줄 알고 잡고자
하되 무리를 두려워하
여 예수를 두고 가니라

가이사에게 세금을 바치는 것

13 그들이 예수의 말씀을 책잡으려 하여 바리새인과
헤롯당* 중에서 사람을 보내매 14 와서 이르되

선생님이여 우리가 아노니 당신은 참되시고
아무도 꺼리는 일이 없으시니 이는 사람을
외모로 보지 않고 오직 진리로써 하나님의
도를 가르치심이니이다 가이사에게 세금을
바치는 것이 옳으니이까 옳지 아니하니이까
15 우리가 바치리이까 말리이까 한대

예수께서 그 외식함을 아시고 이르시되

어찌하여 나를 시험하느냐 데나리온
하나를 가져다가 내게 보이라 하시니

16 가져왔거늘 예수
께서 이르시되

이 형상과 이 글이
누구의 것이냐

12:13 **헤롯당** 헤롯과 그의 가문을 따랐던 정치적 무리

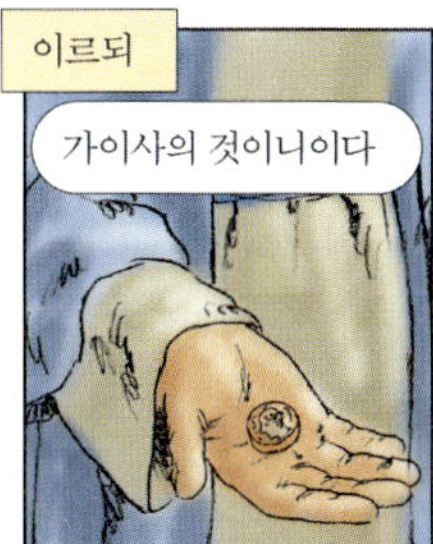

부활 논쟁

가장 큰 계명

12:26 **가시나무 떨기** 이에 대해 자세히 알려면 구약의 출애굽기 3장 1-12절을 읽어보라.
12:26 **나는 아브라함의 하나님이요 … 야곱의 하나님이로라** 출 3:6 인용
12:29,30 **이스라엘아 들으라 … 사랑하라** 신 6:4,5 인용

그리스도와 다윗의 자손

서기관들을 삼가라

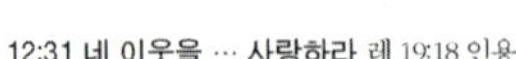
12:31 네 이웃을 … 사랑하라 레 19:18 인용

가난한 과부의 헌금

13장

성전이 무너뜨려질 것을 이르시다

재난의 징조

5 예수께서 이르시되

너희가 사람의 미혹을 받지 않도
록 주의하라 6 많은 사람이 내
이름으로 와서 이르되 내가 그라
하여 많은 사람을 미혹하리라 7
난리와 난리의 소문을 들을 때에
두려워하지 말라 이런 일이 있어
야 하되 아직 끝은 아니니라 8
민족이 민족을, 나라가 나라를
대적하여 일어나겠고 곳곳에 지
진이 있으며 기근이 있으리니 이
는 재난의 시작이니라 9 너희는
스스로 조심하라 사람들이 너희
를 공회에 넘겨 주겠고 너희를
회당에서 매질하겠으며 나로 말
미암아 너희가 권력자들과 임금
들 앞에 서리니 이는 그들에게
증거가 되려 함이라 10 또 복음
이 먼저 만국에 전파되어야 할
것이니라 11 사람들이 너희를
끌어다가 넘겨 줄 때에 무슨 말
을 할까 미리 염려하지 말고 무
엇이든지 그 때에 너희에게 주시
는 그 말을 하라 말하는 이는 너
희가 아니요 성령이시니라 12
형제가 형제를, 아버지가 자식을
죽는 데에 내주며 자식들이 부모
를 대적하여 죽게 하리라 13 또
너희가 내 이름으로 말미암아 모
든 사람에게 미움을 받을 것이나
끝까지 견디는 자는 구원을 받으
리라

가장 큰 환난

14 멸망의 가증한 것•이 서지 못
할 곳에 선 것을 보거든 (읽는 자
는 깨달을진저) 그 때에 유대에
있는 자들은 산으로 도망할지어
다 15 지붕• 위에 있는 자는 내
려가지도 말고 집에 있는 무엇을
가지러 들어가지도 말며 16 밭
에 있는 자는 겉옷을 가지러 뒤
로 돌이키지 말지어다 17 그 날
에는 아이 밴 자들과 젖먹이는
자들에게 화가 있으리로다 18 이
일이 겨울에 일어나지 않도록 기
도하라 19 이는 그 날들이 환난
의 날이 되겠음이라 하나님께서
창조하신 시초부터 지금까지 이
런 환난이 없었고 후에도 없으리
라 20 만일 주께서 그 날들을 감
하지 아니하셨더라면 모든 육체
가 구원을 얻지 못할 것이거늘
자기가 택하신 자들을 위하여 그
날들을 감하셨느니라

13:14 **멸망의 가증한 것** 이것은 다니엘서 9장 27절과 12장 11절에 언급되어 있다(단 11:31 참조).
13:15 **지붕** 성경 시대에 집들의 지붕은 평평했다. 당시 지붕은 열매와 아마(亞麻) 같은 것들을 말리는 장소로 사용되었다. 또 임시로 사용하는 방으로, 경배의 장소로 또는 여름에 잠자는 장소로 사용되었다.

21 그 때에 어떤 사람이 너희에게
말하되 보라 그리스도가 여기 있
다 보라 저기 있다 하여도 믿지 말
라 22 거짓 그리스도들과 거짓 선
지자들이 일어나서 이적과 기사
를 행하여 할 수만 있으면 택하신
자들을 미혹하려 하리라 23 너희
는 삼가라 내가 모든 일을 너희에
게 미리 말하였노라

인자가 오는 것을 보리라

24 그 때에 그 환난 후

> 해가 어두워지며 달이
> 빛을 내지 아니하며 25
> 별들이 하늘에서 떨어
> 지며 하늘에 있는 권능
> 들이 흔들리리라
>
> 사 13:10 ; 34:4

26 그 때에 인자가 구름을 타고
큰 권능과 영광으로 오는 것을
사람들이 보리라 27 또 그 때에
그가 천사들을 보내어 자기가 택
하신 자들을 땅 끝으로부터 하늘
끝까지 사방에서 모으리라

무화과나무 비유에서 배울 교훈

28 무화과나무의 비유를 배우라
그 가지가 연하여지고 잎사귀를
내면 여름이 가까운 줄 아나니
29 이와 같이 너희가 이런 일이
일어나는 것을 보거든 인자가 가
까이 곧 문 앞에 이른 줄 알라 30
내가 진실로 너희에게 말하노니
이 세대가 지나가기 전에 이 일
이 다 일어나리라 31 천지는 없
어지겠으나 내 말은 없어지지 아
니하리라 32 그러나 그 날과 그
때는 아무도 모르나니 하늘에 있
는 천사들도, 아들도 모르고 아
버지만 아시느니라 33 주의하라
깨어 있으라• 그 때가 언제인지
알지 못함이라 34 가령 사람이
집을 떠나 타국으로 갈 때에 그
종들에게 권한을 주어 각각 사무
를 맡기며 문지기에게 깨어 있으
라 명함과 같으니 35 그러므로
깨어 있으라 집 주인이 언제 올
는지 혹 저물 때일는지, 밤중일
는지, 닭 울 때일는지, 새벽일는
지 너희가 알지 못함이라 36 그
가 홀연히 와서 너희가 자는 것
을 보지 않도록 하라 37 깨어 있
으라 내가 너희에게 하는 이 말
은 모든 사람에게 하는 말이니라
하시니라

13:33 깨어 있으라 일부 헬라어 사본들에서는 이것이 "깨어서 기도하라"로 되어 있다.

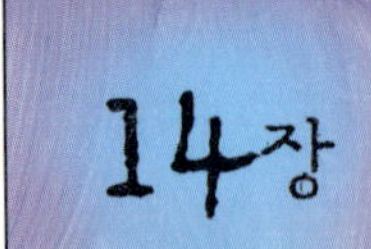

예수를 죽일 방도를 찾다

예수의 머리에 향유를 붓다

3 예수께서 베다니 나병환자 시몬의 집에서 식사하실 때에 한 여자가 매우 값진 향유 곧 순전한 나드 한 옥합을 가지고 와서 그 옥합을 깨뜨려 예수의 머리에 부으니

4 어떤 사람들이 화를 내어 서로 말하되

어찌하여 이 향유를 허비하는가 5 이 향유를 삼백 데나리온 이상에 팔아 가난한 자들에게 줄 수 있었겠도다 하며

그 여자를 책망하는지라

6 예수께서 이르시되

유다가 배반하다

10 열둘 중의 하나인 가룟
유다가 예수를 넘겨 주려고
대제사장들에게 가매 11 그
들이 듣고 기뻐하여 돈을 주
기로 약속하니 유다가 예수
를 어떻게 넘겨 줄까 하고
그 기회를 찾더라

제자들과 함께 유월절을 지키시다

12 무교절의 첫
날 곧 유월절 양
잡는 날에 제자
들이 예수께 여
짜오되

우리가 어디로 가서 선생님께서
유월절 음식을 잡수시게 준비하기
를 원하시나이까 하매

13 예수께서 제자 중의
둘을 보내시며 이르시되

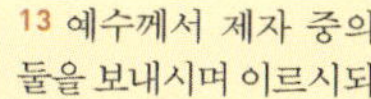

성내로 들어가라 그리하면 물 한 동이를 가지고
가는 사람을 만나리니 그를 따라가서 14 어디든
지 그가 들어가는 그 집 주인에게 이르되 선생님
의 말씀이 내가 내 제자들과 함께 유월절 음식을
먹을 나의 객실이 어디 있느냐 하시더라 하라

15 그리하면 자리를 펴고 준비한
큰 다락방을 보이리니 거기서 우
리를 위하여 준비하라 하시니

16 제자들이 나가 성
내로 들어가서 예수께
서 하시던 말씀대로
만나 유월절 음식을
준비하니라 17 저물
매 그 열둘을 데리시
고 가서

18 다 앉아 먹을 때에 예수
께서 이르시되

내가 진실로 너
희에게 이르노니
너희 중의 한 사
람 곧 나와 함께
먹는 자가 나를
팔리라 하신대

마지막 만찬

22 그들이 먹을 때에 예수께서 떡을
가지사 축복하시고

26 이에 그들이 찬미하고
감람 산으로 가니라

베드로가 부인할 것을 예언하시다

27 예수께서 제자들에게 이르시되

너희가 다 나를 버리리라 이는
기록된 바

내가 목자를 치리니 양들이
흩어지리라 하였음이니라

슥 13:7

28 그러나 내가 살아난 후에 너
희보다 먼저 갈릴리로 가리라

29 베드로가 여짜오되

다 버릴지라도 나는 그리
하지 않겠나이다

14:24 **언약** 일부 헬라어 사본들에는 이것이 '새 언약'으로 되어 있다(눅 22:20 참조).
14:25 **포도나무에서 난 것** 포도나무의 열매. 이것은 '포도주'로도 번역될 수 있다.

14:36 아빠 어린애가 아버지를 부를 때 사용한 말

14:36 잔 지금 여기서 예수님은 자신에게 닥칠 고난에 대해 말씀하고 계신다. 그것은 마치 매우 쓴 것이 들어 있는 잔을 마시는 것처럼 매우 고통스런 일이었다.

39 다시 나아가 동일한 말씀으로 기도하시고 40 다시 오사 보신즉 그들이 자니 이는 그들의 눈이 심히 피곤함이라 그들이 예수께 무엇으로 대답할 줄을 알지 못하더라 41 세 번째 오사 그들에게 이르시되

잡히시다

43 예수께서 말씀하실 때에 곧 열둘 중의 하나인 유다가 왔는데 대제사장들과 서기관들과 장로들에게서 파송된 무리가 검과 몽치를 가지고 그와 함께 하였더라 44 예수를 파는 자가 이미 그들과 군호를 짜 이르되

45 이에 와서 곧 예수께 나아와

하고 입을 맞추니

46 그들이 예수께 손을 대어 잡거늘

47 곁에 서 있는 자 중의 한 사람이 칼을 빼어 대제사장의 종을 쳐 그 귀를 떨어뜨리니라

48 예수께서 무리에게
말씀하여 이르시되

50 제자들이 다 예수를
버리고 도망하니라

한 청년이 벗은 몸으로 도망하다

51 한 청년이 벗은 몸에 베 홑이불
을 두르고 예수를 따라가다가 무리
에게 잡히매 52 베 홑이불을 버리
고 벗은 몸으로 도망하니라

공회 앞에 서시다

53 그들이 예수를 끌고 대제사장에
게로 가니 대제사장들과 장로들과
서기관들이 다 모이더라

54 베드로가 예수
를 멀찍이 따라
대제사장의 집 뜰
안까지 들어가서
아랫사람들과 함
께 앉아 불을 쬐
더라

55 대제사장들과 온 공회가
예수를 죽이려고 그를 칠 증
거를 찾되 얻지 못하니 56 이
는 예수를 쳐서 거짓 증언 하
는 자가 많으나 그 증언이 서
로 일치하지 못함이라 57 어
떤 사람들이 일어나 예수를
쳐서 거짓 증언 하여 이르되

59 그 증언
도 서로 일
치하지 않
더라 60 대
제사장이
가운데 일
어서서 예
수에게 물
어 이르되

14:68 **앞뜰로 나갈새** 많은 헬라어 사본들에는 이 말 다음에 "닭이 울었다"라는 기록이 나온다.

70 또 부인하더라 조금 후에 곁에 서 있는
사람들이 다시 베드로에게 말하되

71 그러나 베드로가 저주하며 맹세하되

72 닭이 곧 두 번째 울더라

이에 베드로가 예수께서 자기에게 하신 말씀

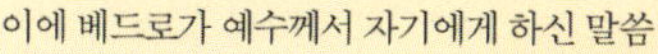

하심이 기억
되어 그 일을
생각하고 울
었더라

15장

빌라도가
예수께 묻다

1 새벽에 대제사장들이 즉시
장로들과 서기관들 곧 온 공회
와 더불어 의논하고 예수를 결
박하여 끌고 가서 빌라도에게
넘겨 주니 2 빌라도가 묻되

예수께서
대답하여
이르시되

3 대제사장들이 여러 가
지로 고발하는지라 4 빌
라도가 또 물어 이르되

5 예수께서 다시 아무 말
씀으로도 대답하지 아니
하시니 빌라도가 놀랍게
여기더라

십자가에 못 박히게 예수를 넘기다

6 명절이 되면 백성들이 요구
하는 대로 죄수 한 사람을 놓
아 주는 전례가 있더니 7 민란
을 꾸미고 그 민란중에 살인
하고 체포된 자 중에 바라바
라 하는 자가 있는지라 8 무리
가 나아가서 전례대로 하여
주기를 요구한대

더욱 소리 지르되

십자가에 못 박게 하소서 하는지라

15 빌라도가 무리에게 만
족을 주고자 하여 바라바
는 놓아 주고 예수는 채
찍질하고 십자가에 못 박
히게 넘겨 주니라

군인들이 예수를 희롱하다

16 군인들이 예수를 끌고
브라이도리온이라는 뜰
안으로 들어가서 온 군대
를 모으고

17 예수에게 자색 옷을 입
히고 가시관을 엮어 씌우
고 18 경례하여 이르되

유대인의 왕이여
평안할지어다 하고

19 갈대로 그의 머리를 치
며 침을 뱉으며 꿇어 절하
더라

20 희롱을 다 한 후 자색
옷을 벗기고 도로 그의 옷
을 입히고 십자가에 못 박
으려고 끌고 나가니라

십자가에 못 박히시다

21 마침 알렉산더와 루포의 아버지인
구레네 사람 시몬이 시골로부터 와서
지나가는데 그들이 그를 억지로 같이
가게 하여 예수의 십자가를 지우고

22 예수를 끌고 골고다라 하는 곳
(번역하면 해골의 곳)에 이르러

23 몰약을 탄 포도주를 주었으나 예수께서
받지 아니하시니라 24 십자가에 못 박고

15:28 일부 헬라어 사본들에는 "불법자와 함께 인정함을 받았다 한 성경이 응하였느니라"라는 표현이 나온다. "불법자와 함께 인정함을 받았다"는 이사야서 53장 12절 인용함.

29 지나가는 자들은 자기 머리를
흔들며 예수를 모욕하여 이르되

31 그와 같이 대제사장들
도 서기관들과 함께 희롱
하며 서로 말하되

함께 십자가에 못 박힌 자
들도 예수를 욕하더라

숨지시다

33 제육시가 되매 온 땅에
어둠이 임하여 제구시까지
계속하더니 34 제구시에 예
수께서 크게 소리 지르시되

이를 번역하면

35 곁에 섰던 자 중 어떤
이들이 듣고 이르되

36 한 사람이 달려가서 해면에 신
포도주를 적시어 갈대에 꿰어 마
시게 하고 이르되

37 예수께서 큰
소리를 지르시고
숨지시니라

38 이에 성소 휘장•이 위로부터 아래
까지 찢어져 둘이 되니라

39 예수를 향하여 섰던 백부장이
그렇게 숨지심을 보고• 이르되

40 멀리서 바라보는
여자들도 있었는데

15:38 **성소 휘장** 이것은 지성소를 성소의 다른 부분으로부터 분리시킨 휘장이다. 성소는 유대인들이 하나님의 명령에 따라 그분을 경배하는 장소로 사용했던 예루살렘의 특별한 건물이었다.
15:39 **숨지심을 보고** 이것이 일부 헬라어 사본들에서는 "소리 지르신 후 숨지심을 보고"라고 되어 있다.

그 중에 막달라 마리아와 또
작은 야고보와 요세의 어머니
마리아와 또 살로메가 있었으
니 41 이들은 예수께서 갈릴
리에 계실 때에 따르며 섬기
던 자들이요 또 이 외에 예수
와 함께 예루살렘에 올라온
여자들도 많이 있었더라

요셉이 예수의 시체를 무덤에 넣어 두다

42 이 날은 준비일 곧 안식일 전
날이므로 저물었을 때에 43 아
리마대 사람 요셉이 와서 당돌
히 빌라도에게 들어가 예수의
시체를 달라 하니 이 사람은 존
경 받는 공회원이요 하나님의
나라를 기다리는 자라

44 빌라도는 예수께서 벌써
죽었을까 하고 이상히 여겨
백부장을 불러 죽은 지가 오
래냐 묻고 45 백부장에게 알
아 본 후에 요셉에게 시체를
내주는지라 46 요셉이 세마
포를 사서 예수를 내려다가
그것으로 싸서

바위 속에 판 무덤
에 넣어 두고 돌을
굴려 무덤 문에 놓
으매 47 막달라 마
리아와 요세의 어
머니 마리아가 예
수 둔 곳을 보더라

16장

살아나시다

1 안식일이 지나매 막
달라 마리아와 야고보
의 어머니 마리아와 또
살로메가 가서 예수께
바르기 위하여 향품을
사다 두었다가 2 안식
후 첫날 매우 일찍이 해
돋을 때에 그 무덤으로
가며 3 서로 말하되

4 눈을 들어본즉 벌써 돌이 굴려져 있는
데 그 돌이 심히 크더라

5 무덤에 들어가서 흰 옷을 입은 한 청년이 우편에
앉은 것을 보고 놀라매 6 청년이 이르되

놀라지 말라 너희가 십자
가에 못 박히신 나사렛
예수를 찾는구나 그가 살
아나셨고 여기 계시지 아
니하니라 보라 그를 두었
던 곳이니라 7 가서 그의
제자들과 베드로에게 이
르기를 예수께서 너희보
다 먼저 갈릴리로 가시나
니 전에 너희에게 말씀하
신 대로 너희가 거기서
뵈오리라 하라 하는지라

8• 여자들이 몹시 놀라 떨며 나와
무덤에서 도망하고 무서워하여 아
무에게 아무 말도 하지 못하더라

막달라 마리아에게 보이시다

9 [예수께서 안
식 후 첫날 이른
아침에 살아나
신 후 전에 일곱
귀신을 쫓아내
어 주신 막달라
마리아에게 먼
저 보이시니

10 마리아가 가서
예수와 함께 하던
사람들이 슬퍼하며
울고 있는 중에 이
일을 알리매 11 그
들은 예수께서 살
아나셨다는 것과
마리아에게 보이셨
다는 것을 듣고도
믿지 아니하니라

두 제자에게 나타나시다

12 그 후에 그
들 중 두 사람
이 걸어서 시
골로 갈 때에
예수께서 다
른 모양으로
그들에게 나
타나시니

13 두 사람이 가서 남은 제자들에게
알리었으되 역시 믿지 아니하니라

16:8 일부 초기 헬라어 사본들에서는 8절로 마가복음이 끝난다.

마가복음 16:14-20

만민에게 복음을 전파하라

14 그 후에 열한 제자가 음
식 먹을 때에 예수께서 그들
에게 나타나사 그들의 믿음
없는 것과 마음이 완악한 것
을 꾸짖으시니 이는 자기가
살아난 것을 본 자들의 말을
믿지 아니함일러라

15 또 이르시되

너희는 온 천하에 다니며 만민에게 복음을 전
파하라 16 믿고 세례를 받는 사람은 구원을
얻을 것이요 믿지 않는 사람은 정죄를 받으리
라 17 믿는 자들에게는 이런 표적이 따르리
니 곧 그들이 내 이름으로 귀신을 쫓아내며
새 방언을 말하며 18 뱀을 집어올리며 무슨
독을 마실지라도 해를 받지 아니하며 병든 사
람에게 손을 얹은즉 나으리라 하시더라

하늘로 올려지시다

19 주 예수께서 말씀을 마
치신 후에 하늘로 올려지
사 하나님 우편에 앉으시
니라 20 제자들이 나가 두
루 전파할새 주께서 함께
역사하사 그 따르는 표적
으로 말씀을 확실히 증언
하시니라]

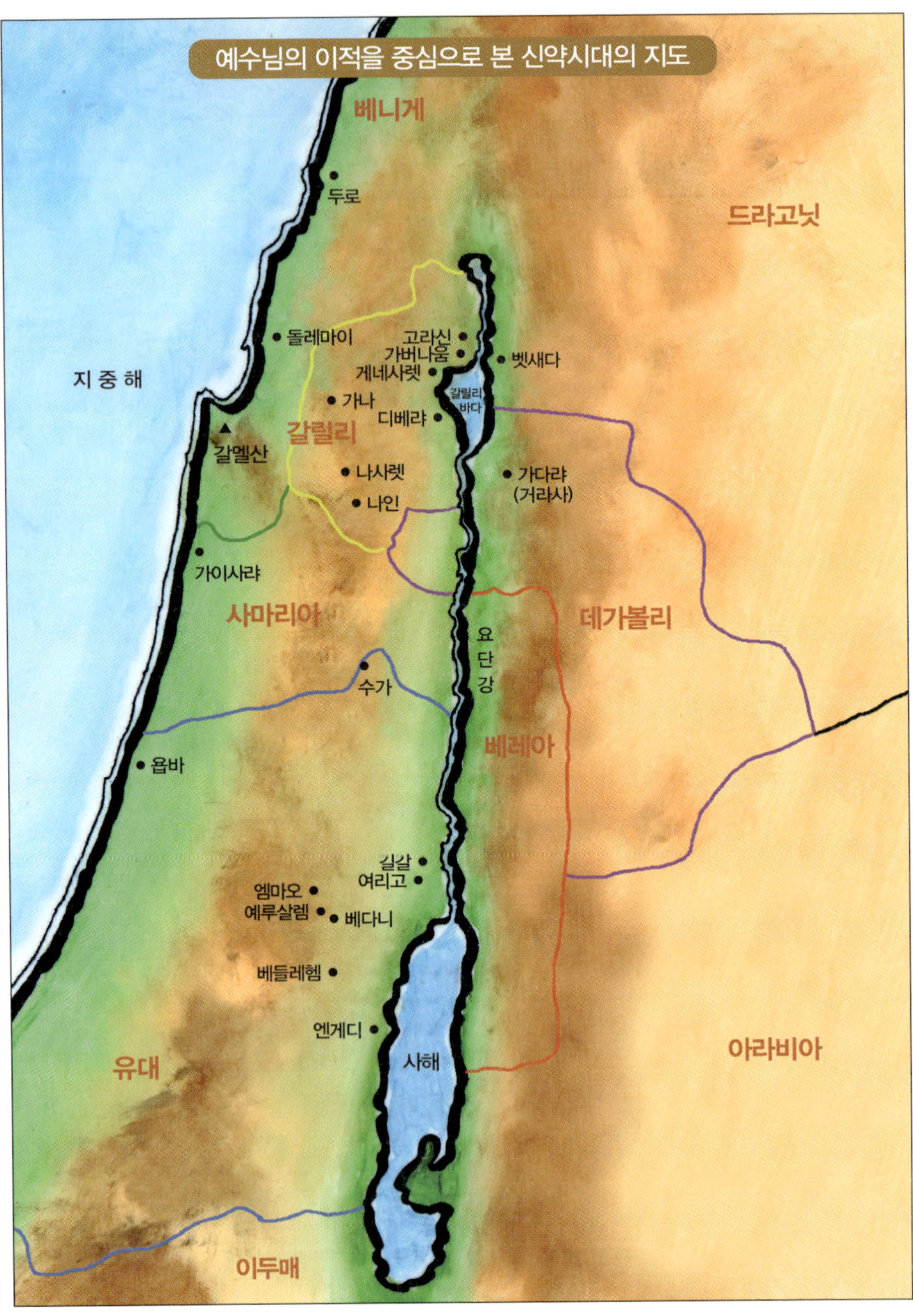
예수님의 이적을 중심으로 본 신약시대의 지도
베니게
두로
드라고닛
돌레마이
고라신
가버나움
벳새다
게네사렛
지 중 해
갈릴리
바다
가나
디베랴
갈릴리
갈멜산
나사렛
가다라
(거라사)
나인
가이사랴
사마리아
데가볼리
요
단
강
수가
베레아
욥바
길갈
여리고
엠마오
예루살렘
베다니
베들레헴
엔게디
사해
아라비아
유대
이두매

카툰성경 마가복음

초판 1쇄 발행 2017년 5월 26일

그린이 키이스 닐리, 데이비드 마일즈

펴낸이 여진구
책임편집 안수경, 최현수
편집 김아진, 이영주
책임디자인 이혜영, 마영애, 노지현
기획 · 홍보 김영하
마케팅 김상순, 강성민, 허병용
제작 조영석, 정도봉
해외저작권 기은혜
마케팅지원 최영배, 정나영
경영지원 김혜경, 김경희

이슬비전도학교 최경식, 전우순
303비전성경암송학교 박정숙
303비전장학회 & 303비전꿈나무장학회 여운학

펴낸곳 규장

주소 06770 서울시 서초구 매헌로 16길 20(양재2동) 규장선교센터
전화 02)578-0003 **팩스** 02)578-7332
이메일 kyujang0691@gmail.com **홈페이지** www.kyujang.com
트위터 twitter.com/_kyujang **페이스북** facebook.com/kyujangbook
등록일 1978.8.14. 제1-22

책값 뒤표지에 있습니다.
ISBN 978-89-6097-602-3 04230
978-89-6097-600-9 (세트)

규 | 장 | 수 | 칙

1. 기도로 기획하고 기도로 제작한다.
2. 오직 그리스도의 성품을 사모하는 독자가 원하고 필요로 하는 책만을 출판한다.
3. 한 활자 한 문장에 온 정성을 쏟는다.
4. 성실과 정확을 생명으로 삼고 일한다.
5. 긍정적이며 적극적인 신앙과 신행일치에의 안내자의 사명을 다한다.
6. 충고와 조언을 항상 감사로 경청한다.
7. 지상목표는 문서선교에 있다.

하나님을 사랑하는 자 곧 그의 뜻대로 부르심을 입은 자들에게는 모든 것이 合力하여 善을 이루느니라(롬 8:28)

규장은 문서를 통해 복음전파와 신앙교육에 주력하는 국제적 출판사들의 협의체인 복음주의출판협회(E.C.P.A:Evangelical Christian Publishers Association)의 출판정신에 동참하는 회원(Associate Member)입니다.